[澳] 梅甘·赫斯 著　邹虹 译

可可·香奈儿
的时尚世界

香奈儿5号·山茶花造型·双C标识·2.55手袋
小黑裙·粗花呢套装·双色鞋·拉格斐与香奈儿大秀

青岛出版集团　青岛出版社

Copyright © First published in the English language by Hardie Grant Books in 2015.

山东省版权局著作权合同登记号　图字：15-2021-342

图书在版编目（CIP）数据

可可·香奈儿的时尚世界 /（澳）梅甘·赫斯著；邹虹译. — 青岛：青岛出版社，2022.1
ISBN 978-7-5552-9082-7

Ⅰ.①可…　Ⅱ.①梅…②邹…　Ⅲ.①夏内尔 (Chanel, Gabrielle 1883–1971) – 传记　Ⅳ.①K835.655.7

中国版本图书馆CIP数据核字(2021)第273772号

KEKE·XIANGNAIER DE SHISHANG SHIJIE
书　　名	可可·香奈儿的时尚世界
著　　者	［澳］梅甘·赫斯
译　　者	邹　虹
出版发行	青岛出版社
社　　址	青岛市崂山区海尔路182号（266061）
本社网址	http://www.qdpub.com
邮购电话	0532-68068091
策划编辑	周鸿媛　王　宁
责任编辑	刘百玉
封面设计	毕晓郁
制　　版	青岛千叶枫创意设计有限公司
印　　刷	青岛名扬数码印刷有限责任公司
出版日期	2022年1月第1版　2024年9月第2次印刷
开　　本	32开（889毫米×1194毫米）
印　　张	6.5
字　　数	100千
书　　号	ISBN 978-7-5552-9082-7
定　　价	128.00元

编校印装质量、盗版监督服务电话　4006532017　0532-68068050
建议陈列类别：时尚　艺术

致

祖母 格威妮丝·休姆

（Gwyneth Hume）

您同可可一样，有地位、有力量、有品位！

前 言

在整个时装史上,鲜有人敢说自己的影响力可以媲美可可·香奈儿(Coco Chanel)。可可的童年贫寒卑微,一生中多次走入困境,她的人生是一个不屈不挠、勇往直前、不断创造的故事。作为一名时尚行业的插画师,我总是能从那个自小便失去双亲的法国小女孩身上获得无限灵感,并为其着迷不已。毕竟,她以一己之力改变了女性衣橱中的服装式样,创造了我们日常穿搭的时尚。

可可·香奈儿与其他设计师不同,这种不同一方面在于她独一无二的原创能力,另一方面,在于她永不放弃梦想的执着。无论是设计还是生活,抑或爱情,她都全情投入。她拒绝失败,无论遇到什么困难,她都带着自信勇往直前。

看着可可·香奈儿的照片,我时常想:她的一生多么丰富,从年幼时期的贫苦无助,到第一次创立小工作室的兴奋激动;从声名狼藉退出时尚圈,到后来带着品牌回归时尚的辉煌。晚年的她,在回顾自己的一生时,会有什么感想呢?

我想她一定会发自内心地自豪。她是否知道,自己的一生激励了多少人,又给多少人带来了希望?我也一直深受她的鼓舞。当每一季的香奈儿时装秀拉开帷幕时,我都会觉得可可就站在那赫赫有名的镜面楼梯上,看着她的经典设计被一次又一次地重塑后,再一次又一次地次登上世界舞台。

本书用插画呈现了香奈儿的一生,探寻她神秘的生活、经典的设计以及她所建立的"香奈儿帝国"。

目　录

01 可可·香奈儿其人 ………………… 1

02 可可·香奈儿品牌 ………………… 71

03 可可·香奈儿传奇 ………………… 159

作者简介 …………………………… 198

致　　谢 …………………………… 200

添加"女神小管家"
和志同道合的朋友
交流分享时尚态度

01

可可·香奈儿其人

The Woman

加布丽埃勒·香奈儿（Gabrielle Chanel），即可可·香奈儿（Coco Chanel）的一生都笼罩着神秘的色彩。或许是因为她对自己卑微的出身讳莫如深，她提到自己的过去时总是含糊其词，对细节一带而过，对犯过的错误和痛苦的回忆闭口不提。如同她在剪裁时装时会反复修改四十多次一样，她对自己的过去也同样反复地修改，每次谈起，说法都不一样。尽管这样，有一点是确定的，她小时候的生活磨难重重：幼年丧母，家中一贫如洗，后惨遭父亲遗弃。小小年纪便失去双亲庇护的她，在法国乡村的一家修女院学校长大。

童年生活太过艰辛，她决定改变命运。她先去当了歌手，后来又成了女帽设计师，最终成长为一代时尚大师。香奈儿的设计超越了时代，以永不停息的创新为现代女性革新着时尚。她的美貌与才华为她赢得了友情，也赢得了众多仰慕者，其中有作家科克托（Cocteau），舞蹈艺术家迪亚基列夫（Diaghilev），画家毕加索（Picasso）、达利（Dalí），作曲家斯特拉温斯基（Stravinsky）及英国前首相丘吉尔（Churchill）。她的设计、她的创意，都变为品牌的标志长存不朽。

　　1883年,香奈儿出生于法国卢瓦尔河谷中段一个名叫索米尔的小镇。她的母亲在贫民院工作,但香奈儿声称自己的母亲是牧家女,父亲是一名杂货小贩,她是父母的私生女。12岁时,母亲撒手人寰,父亲将她留在一家修女院学校便离她而去。

在那里,香奈儿学会了她赖以生存的技艺——缝纫。

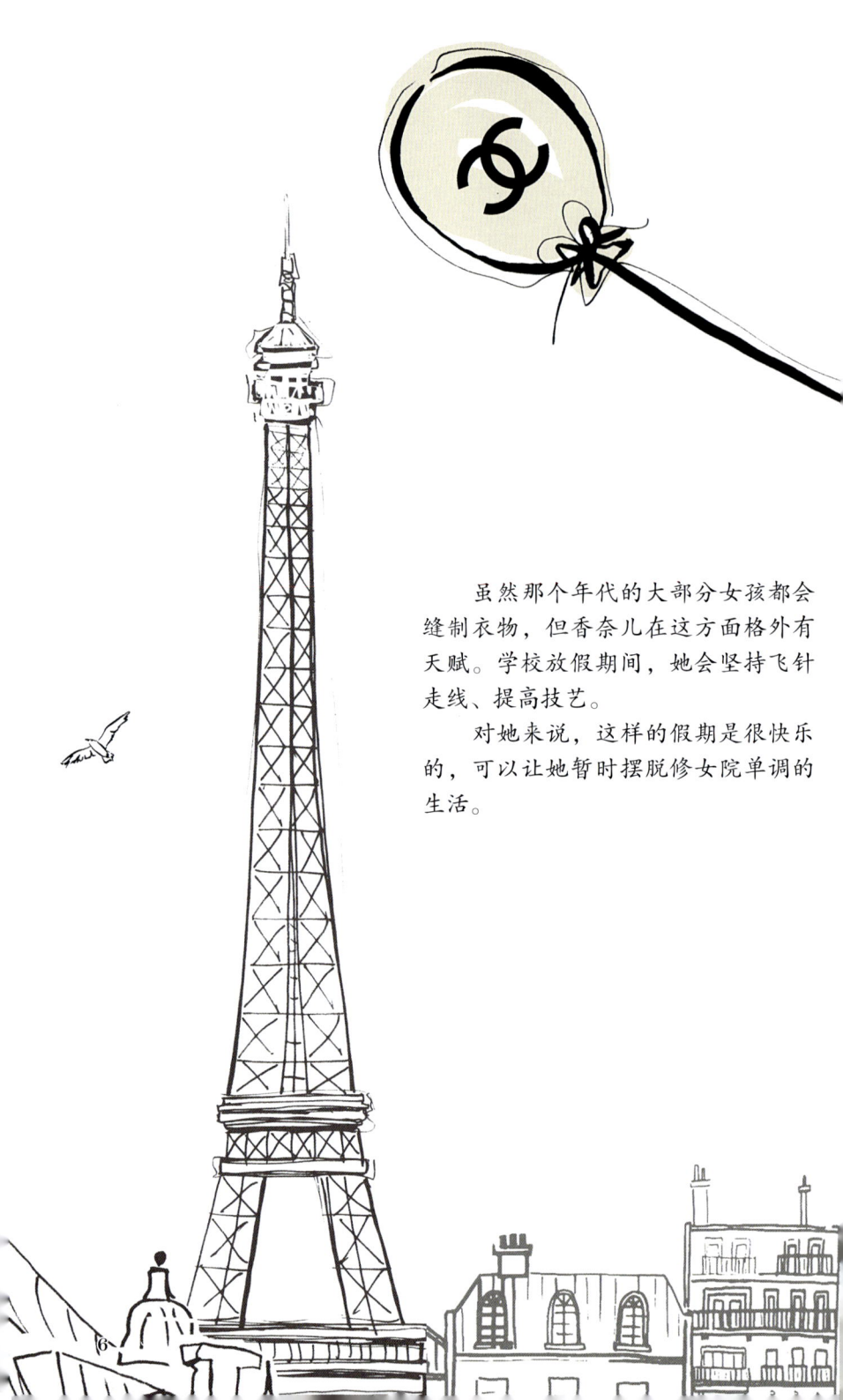

虽然那个年代的大部分女孩都会缝制衣物,但香奈儿在这方面格外有天赋。学校放假期间,她会坚持飞针走线、提高技艺。

对她来说,这样的假期是很快乐的,可以让她暂时摆脱修女院单调的生活。

修女院的生活单调无聊，但香奈儿却从中学到了简朴之美。她每天都要严格遵守学校规定，穿白衬衫、黑褶边裙，这便成了她日后所做的经典设计的原型。

毕业后,香奈儿离开了修女院,找到了一份工作——做裁缝。香奈儿的缝纫能力吸引了许多人的注意,这让她在当地变得小有名气,她还去了一家织品商店做店员。香奈儿住在商店阁楼中的一间卧室里,周末,她就去给附近的一个裁缝帮工,为驻扎在镇上的骑兵军官改马裤。

她也会跟当地的绅士交往,其中很多是军官。绅士们经常带她出去跳舞。

"想要不可替代，
　　就必须
　时刻与众不同!"

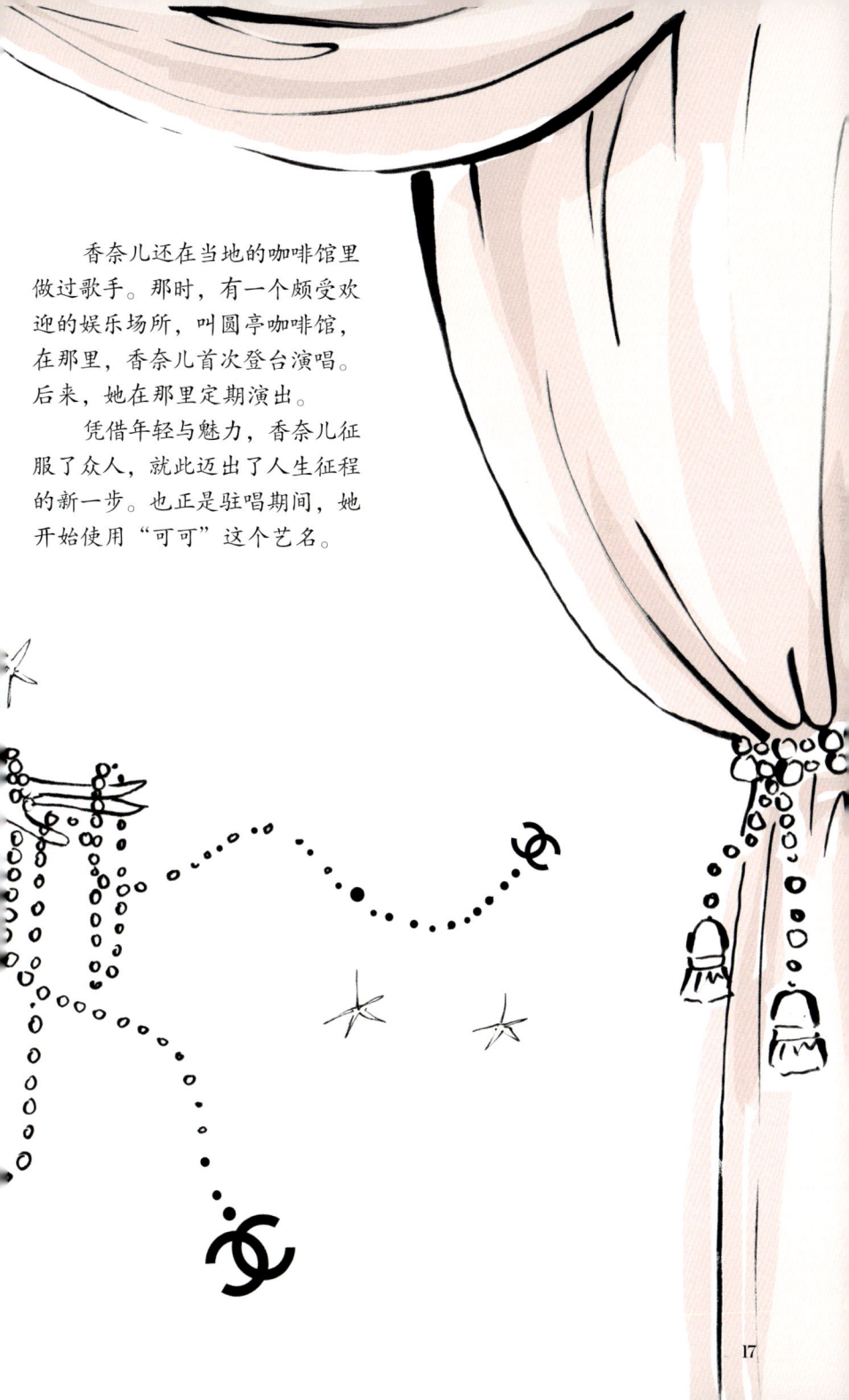

　　香奈儿还在当地的咖啡馆里做过歌手。那时,有一个颇受欢迎的娱乐场所,叫圆亭咖啡馆,在那里,香奈儿首次登台演唱。后来,她在那里定期演出。

　　凭借年轻与魅力,香奈儿征服了众人,就此迈出了人生征程的新一步。也正是驻唱期间,她开始使用"可可"这个艺名。

关于"可可"这个甜美艺名的来历,香奈儿给出过很多种说法。有一次,她在接受采访时告诉作家马塞尔·黑德里希(Marcel Haedrich):"我爸爸以前总叫我'小可可',爸爸说,一直这样叫下去,一定会有好运气的。"不过,她做歌手的时候才开始用"可可"这个名字的说法仿佛更可靠一些。

圆亭咖啡馆的观众会冲着香奈儿喊"可可",其实是她常唱的两首流行歌曲的名字里都有类似"可可"的发音。这两首歌一首叫作《谁见过可可》(Qui qu'a vu Coco),讲的是一个女孩弄丢了宠物小狗的故事;另一首叫《可可哩可》(Ko Ko Ri Ko)。

虽然能得到认可是很自豪的,但香奈儿经常表现出对"可可"这个名字的不屑一顾。可实际上,可可·香奈儿能够如此赫赫有名,这个名字对她有着毋庸置疑的帮助。

20岁左右时,香奈儿遇到了艾蒂安·巴尔桑(Etienne Balsan)。巴尔桑是一家纺织企业的继承人,还是一名贵族军官。两人陷入爱河后,巴尔桑带香奈儿真正接触到了上流社会。

巴尔桑拥有一个赛马场，跟巴尔桑在一起的那几年，香奈儿就以巴尔桑爱人的身份待在赛马场庄园里。尽管大家都说带着出身卑微的女裁缝出入奢华生活的巴尔桑是个花花公子，但香奈儿不被流言所困。巴尔桑还用自己的权势和关系网，利用自己的社会地位帮助香奈儿创业。巴尔桑对香奈儿一往情深，将两个人的感情维系得很好。

香奈儿最先发掘的是自己设计女帽的能力，很快，她便形成了自己的风格。

她推出了当时流行的软帽，但去掉了其他品牌喜欢的复杂的装饰。

她不喜欢这些装饰，觉得它们冗余又笨重，降低了品位。

"没什么比刻意的装饰和无谓的华贵更让女人显老的了。"晚年时，她对作家克劳德·德莱（Claude Delay）说，"一直以来，我都保持着女生的穿搭风格，现在依然这样。"

"穿着最好总是略显随意一些。"

香奈儿设计的女帽在当时是标新立异的，极具个人特色。她设计服饰时还会借鉴男装元素，比起繁多装饰的束缚，她更喜欢简约、舒适的穿着。在赛马场上，香奈儿首次尝试下身马裤、上身马甲加衬衫搭配无装饰的小礼帽这身装束。

当时的女性在骑马时通常会以夹克和白衬衫搭配长而重的裙子，从未穿过裤装。当香奈儿穿着量身定制的马裤出现在马场时，立刻在束身衣、蕾丝裙、荷叶袖以及各种褶皱边的海洋里脱颖而出。

即使是穿着传统女装，香奈儿也会对其进行略微改造，让它们穿起来更加舒适。这些别具风情、更加迷人的造型渐渐造就了她的个人风格。

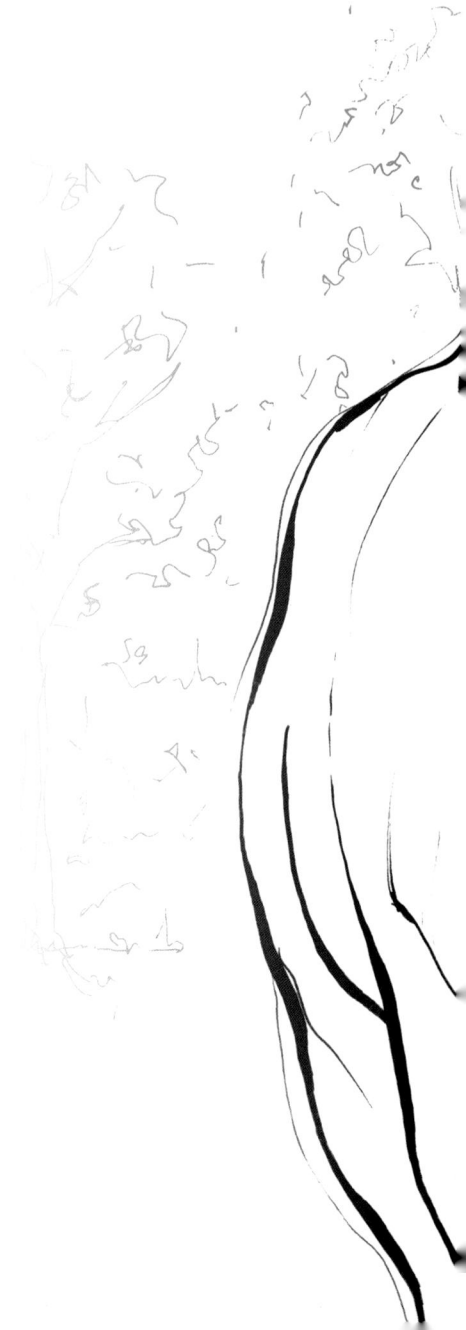

后来,香奈儿恋上了一个来自英国上流社会、多金又英俊的帅哥。

他叫阿瑟·卡佩尔(Arthur Capel),但他的朋友们都亲切地称呼他为"男孩"(Boy)。

"男孩"卡佩尔

    关于卡佩尔的身世众说纷纭，但没有争议的是，他来自英国一个名商巨富之家。他跟巴尔桑一样，对马球颇有造诣。据说，香奈儿是他的挚爱，至少他对香奈儿极其信任，还借给她一大笔钱，让她开店。

可可·香奈儿

卡佩尔是一名商人,深谙经营之道,他欣赏香奈儿的才华,也支持她的远大抱负。虽然他没有与香奈儿终成眷属,后来娶了别人为妻,但他与香奈儿一直保持着良好的关系,直至1919年突然离世。

在恋人与朋友的支持下，1910年，香奈儿在巴黎开设了一家女帽精品店，顾客多是她结交的贵妇阔太。

店里的生意日渐兴隆，很快，她便拥有了一批忠实顾客。香奈儿很享受她在巴黎的时光。

随着客户的迅速增多,她雇用了三名员工,并开始为新店选址。

香奈儿租了一间工作室,并以自己的姓氏"香奈儿"命名。

"生活不能取悦我时,

我便自己
创造生活!"

香奈儿的工作室位于巴黎的中心,紧邻繁华的旺多姆广场(Place Vendôme)和巴黎高级定制时装的中心——圣奥诺雷区时尚街(Rue Faubourg Saint-Honoré)。

新店开张的消息传开后,香奈儿很快就成了巴黎社会名流的最爱,当时的顶级女星吕西安娜·罗歇(Lucienne Roger)和加布丽埃勒·多齐亚特(Gabrielle Dorziat)都是她的忠实客户。多齐亚特还在戏剧《漂亮朋友》(*Bel-Ami*)中戴了香奈儿设计的帽子。

香奈儿的工作室让香奈儿名声大噪。她的设计简单、优雅、别致,在整个巴黎引发了轰动,大家都在模仿她的作品。

每当有新款出品时,香奈儿还会亲自当模特。一些当时的主流时尚媒体,如《时代风尚》(Les Modes)杂志等,会定期刊登她的模特照片。

随着生意日渐兴隆,香奈儿很快便实现了财务自由。她签署的工作室的租约条款中不允许她卖服装,因为那栋楼里有另外一家服装制造商。

这确实是个问题,不过,跟对待生活中遇到的其他问题一样,香奈儿很快便想到了解决办法。

大家常认为香奈儿的灵感来自巴黎,其实对她影响更大的是位于法国海岸的一个小镇——多维尔。她和卡佩尔曾在那里度过了快乐的时光。可以说,多维尔是香奈儿时装事业的发祥地。这里的网球场、赛马场、海港,都给她带来了很多灵感。

看到法国水手的制服后,香奈儿将航海元素融入女性时装,让时装变得更加优雅、时髦。同时,双排扣粗呢上装、喇叭裤等,也都是在此期间设计出来的作品。

作为旅游胜地，多维尔汇集了来自世界各地的上流社会人士。受此启发，1913年，香奈儿在这里开设了自己的时装精品店，为在那里度假的人们提供高端服装设计。

　　尝试过舒适的沙滩装和运动装后，香奈儿开始使用针织布料作为时装面料。针织布料的垂感很好，可以修饰体形。原本她只是想尝试一下，但那时正是第二次世界大战时期，价格稍贵的面料都极为短缺，只有针织布料供应充足。香奈儿根据针织布料的质地进行了设计，尽量让服装简单又实用。在这些设计之中，有一件包臀泳衣，在当时，这个长度的泳衣是饱受争议的。

　　如香奈儿所说："我缔造的时尚可以让女性生活于其中，呼吸于其中，并让她们感到舒适自在。"在多维尔的成功让香奈儿备受鼓舞，她又将业务扩展到法国之外。

香奈儿在设计时装时会尽量做到简单实用,一如现代女性的简洁务实。她从男装中汲取了灵感,又剪了一个别致的发型——齐耳波波头,散发出势不可挡的魅力。

她曾告诉克劳德·德莱,她的这个发型得来纯属偶然。一次,她束好长发、梳起辫子,打算出门去看歌剧。不想,煤气喷灯突然炸了,弄得她满头是灰。她没有丝毫犹豫,拿起剪刀,咔嚓一下就把辫子剪了。

正如香奈儿所言:"肯剪掉长发的女性,一定有一颗改变生活的心。"

“奢华是享受，
所以必须舒适，
如果不舒适，
那它就称不上奢华。”

1918年,为在巴黎拓展业务,香奈儿买下了位于康朋街31号(31 Rue Cambon)的一整栋楼。这栋楼便成了香奈儿品牌的总部。

这里也是香奈儿品牌的购物中心,里面有香奈儿旗下的所有产品,从服装、帽子到其他配饰,从彩妆、珠宝到香水……

　　进入康朋街31号,首先映入眼帘的是著名的镜面楼梯。从一楼的入口拾级而上,便可以到达二楼的高级定制时装沙龙。

　　再上一层,便是香奈儿的私人公寓和设计工作室。不过,公寓里没有床,香奈儿住在马路对面的丽兹酒店,她在那里包了一个豪华套间作为私人卧房。

  每天早上，香奈儿从丽兹酒店出发，穿过康朋街来到香奈儿大楼。出发之前，她会先给助理打个电话，这样，助理就可以在楼里喷洒香奈儿5号（Chanel No.5）香水，迎接她的到来。

  香奈儿对大楼中的每个细节都要求甚高。她会让人在试衣间里也事先喷洒香水,然后才会开门请客人进去试穿。直至今天,那里的香味依然缭绕不绝。香味顺着镜面楼梯飘扬而上,飘向位于楼上的香奈儿私人公寓。

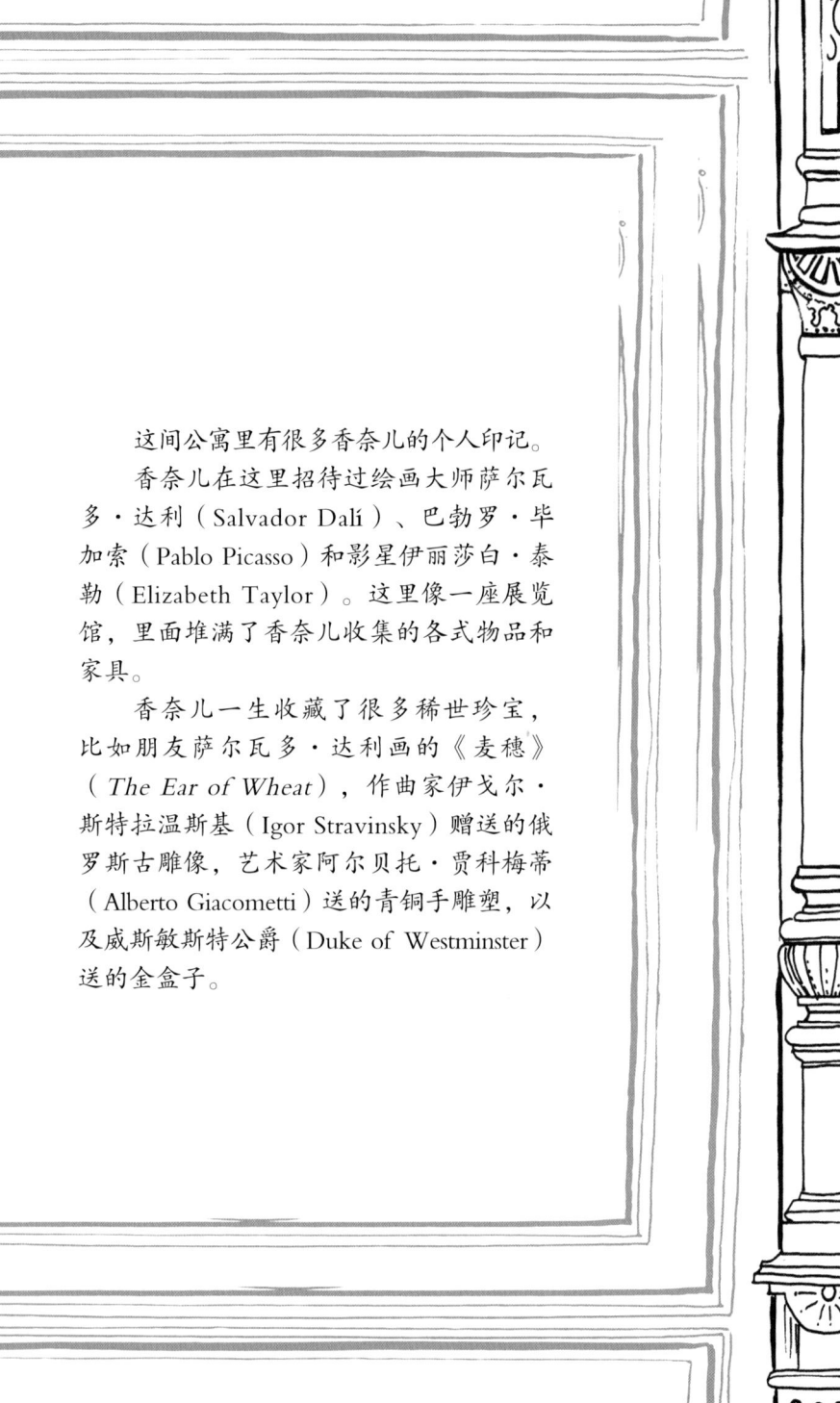

这间公寓里有很多香奈儿的个人印记。

香奈儿在这里招待过绘画大师萨尔瓦多·达利（Salvador Dalí）、巴勃罗·毕加索（Pablo Picasso）和影星伊丽莎白·泰勒（Elizabeth Taylor）。这里像一座展览馆，里面堆满了香奈儿收集的各式物品和家具。

香奈儿一生收藏了很多稀世珍宝，比如朋友萨尔瓦多·达利画的《麦穗》（*The Ear of Wheat*），作曲家伊戈尔·斯特拉温斯基（Igor Stravinsky）赠送的俄罗斯古雕像，艺术家阿尔贝托·贾科梅蒂（Alberto Giacometti）送的青铜手雕塑，以及威斯敏斯特公爵（Duke of Westminster）送的金盒子。

　　可可·香奈儿最喜欢的饮品店是安吉丽娜（Angelina）咖啡馆。据说，她每天都会去那里，每次都只喝热巧克力。她总是坐在10号桌，因为这张桌子的旁边有一面镜子。她喜欢镜子，她喜欢透过镜子害羞地打量着周围的世界。

在巴黎一众精英阶层顾客的追捧下，香奈儿的生意日渐兴隆。香奈儿管理公司的标准非常高，从第一家工作室开始，便以精益求精、一丝不苟的态度管理。

香奈儿做完设计后，会把时装设计稿交给专业的女裁缝，她们会按照设计稿进行剪裁，然后完成这些高级定制时装的手工缝制步骤。

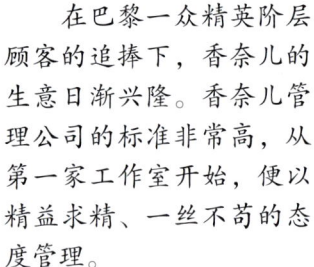

　　1919年,"男孩"卡佩尔在去看望香奈儿的路上因为一场车祸突然离世。

　　这突如其来的打击让香奈儿悲痛欲绝,同时也让她失去了部分资金支持。无论在事业方面,还是在时尚风格方面,卡佩尔对香奈儿的影响都非常大。

　　艺术家若泽·玛里亚·赛特(José Maria Sert)是香奈儿的朋友,在他及其妻子米西娅(Misia)的劝说下,香奈儿同意跟他们一起到威尼斯参加卡佩尔的葬礼。

彼时，威尼斯是东西方贸易的主要中间站。在这里，香奈儿接触到了东方文化。新的环境改变了她对色彩的品位，改变了她原本以黑白两色为主的搭配方式。在威尼斯，拜占庭金和狮子雕塑随处可见，狮子座的香奈儿便用狮子做了品牌的标识。在后来的岁月里，威尼斯源源不断地激发着香奈儿的设计灵感。

"失去了卡佩尔，
　　我便感觉
失去了一切。

他塑造了我，
他肯为我付出，
他懂得如何挖掘
我的独特之处。"

02

可可·香奈儿品牌

The Brand

可可·香奈儿本人从未推出过高级成衣，但她改变了成衣的概念，从而永远地改变了女性的着装方式。香奈儿的设计充满了灵气，也极富勇气。她设计出了女式长裤，将原本仅用于葬礼服饰的黑色应用到晚礼服的设计中，还将原本属于运动服饰系列的毛线衫引入时装。在后来的几十年中，香奈儿兼顾舒适与优雅的审美引发了千千万万人的共鸣。

如今，香奈儿时装娇小的轮廓和较短的裙摆已成为品牌的代名词，它们让女性不再需要紧身胸衣，可以紧紧拥抱舒适的生活。作为一名女性时装设计师，香奈儿设计的时装体现了女性在社会中角色的变化。

香奈儿的设计独具特色，无论是粗花呢面料、单色色调、金色链条、菱格纹皮革，还是正反交织的双C标志，都被沿用至今。作为时尚先锋，她的天赋和她对时尚界的影响皆无可替代。

香奈儿5号于1921年发布,它的研发人是调香师埃内斯特·博(Ernest Beaux)。埃内斯特为香奈儿设计了一系列样品,香奈儿选中了其中的第五款,因此将香水命名为"香奈儿5号","5"也是香奈儿的幸运数字。彼时,香水通常是花香味的,但埃内斯特采用了新配方,用了不下百种香精。

香奈儿称香奈儿5号为"女人的香水,带有女人的味道"。琥珀色的香奈儿5号香水含有茉莉花、依兰花及玫瑰花的精华,里面还有人工合成的乙醛(香精)。据说这一成分是调香师不小心加进去的,却歪打正着。

开始,这款香水的销量一直非常平稳。后来,玛丽莲·梦露(Marilyn Monroe)在接受《时代》(Time)杂志采访时的一句话让这款香水销量猛涨,一跃成为20世纪炙手可热的商品。记者问梦露晚间穿什么睡觉,梦露说:"只穿几滴香奈儿5号。"

香奈儿5号的香水瓶也堪称经典。它由香奈儿亲自设计,瓶口有品牌正反交织的双C标志。瓶子呈方形,简单却极尽优雅,绝对是上乘的装饰品。瓶塞切割得很像钻石,让人不禁联想到巴黎的旺多姆广场。

1959年,纽约市现代艺术博物馆为纪念香奈儿,特地展出了一瓶香奈儿5号香水。

现在，香奈儿的品牌标识为正反交织的双C，极易辨认。这个标识的来历也同香奈儿的生活一样，版本众多。

双C可能是可可·香奈儿名字的首字母组合,也可能是修女院的彩色玻璃窗的抽象图形,因为香奈儿曾在修女院度过了难忘的童年岁月。

双C还可能是香奈儿与其一生挚爱卡佩尔的名字的首字母组合。

这一字母组合标识于1921年香奈儿5号香水推出时面世,此后便成了品牌的代名词。

在香奈儿的产品上,双C标识随处可见,包括香奈儿时装的纽扣上和香奈儿5号香水瓶的蜡封上。

"时尚不仅
　体现在
你的穿着上，

时尚是
一种理念,
是一种生活方式。"

　　红色一般用于香奈儿时装的细节,比如里衬。

　　香奈儿崇尚金色,她设计的时装上的珠宝以及包包的链子常是金色的。

　　香奈儿对黑色与白色相当青睐,渐渐地,黑与白便成了品牌的主打色。彼时,黑色是丧服专用色,而香奈儿将它变为优雅的象征。

　　香奈儿说:"我曾说过黑色是万能的,其实白色也是。黑白之美是无懈可击的,是绝对和谐的。"香奈儿以一己之力将黑色与白色变成人们一年之中均可穿着的服装色彩。

香奈儿有着远见卓识,她将黑色变成了女性独立、自由和力量的象征。

关于黑色时装,还有这样一个故事。据说,有一次,香奈儿穿着一件极为简约的黑色连衣裙走在巴黎的大街上,遇到了她的竞争对手,设计大师保罗·普瓦雷(Paul Poiret)。普瓦雷盯着她的衣服,不怀好意地问:"小姐,你这是在为谁服丧?"

香奈儿回答:"为您,先生。"

1926年，香奈儿第一次发布了小黑裙，那时，小黑裙的特点是圆领、长袖、长度刚刚过膝。

　　那时候，福特（Ford）汽车公司刚推出了价格低廉又实用的黑色T型车（Model T）。福特T型车的面世意义重大，美国自此成为"车轮上的国度"。香奈儿的小黑裙一经发布，便获得了"福特裙"的称号，寓意它像T型车一样，设计简单，价格不贵，适合所有阶层。正如《Vogue服饰与美容》（*Vogue*）杂志编辑所描述的那样，这种没有里衬、面料看起来类似中式绉绸的小黑裙剪裁得体、简约美观，又很百搭，终有一天会成为"风靡全世界的裙子"。

　　今天，小黑裙被视为香奈儿勇于突破、崇尚简约的经典之作。

"时尚
同建筑一样,
如何安排比例
非常重要。"

香奈儿的另一款标志性经典之作是粗花呢套装,套装由无领上衣搭配裙装组成,上衣带有镶边装饰和金属纽扣,袖子比较紧身。
　　这款高级定制时装依然以关键细节体现着香奈儿的设计精髓,比如上衣的里衬下边缝有链线,这样可以增加衣服下摆的重量,使衣服更加板正。

第二次世界大战之后,许多女性选择外出工作,想在当时以男性为主导的工作环境中开创一片自己的天地。对她们来说,这款简单实用又时髦的套装堪称完美选择。

香奈儿使用粗花呢这种面料与一位男性有关，这位男性就是威斯敏斯特公爵。1923年，香奈儿与他相遇相识，此后两人保持恋人关系达七年之久。香奈儿从威斯敏斯特公爵那里借来英式运动服，后来又从苏格兰一家花呢厂采购布料，将花呢收为己用。

当女演员艾娜·克莱尔（Ina Claire）身穿小香风粗花呢裙装出现在美国版《Vogue服饰与美容》杂志上时，小香风开始风靡。《Vogue服饰与美容》杂志编辑称这身造型为"香奈儿英伦风"。

后来，香奈儿又多次改良粗花呢面料，从添加轻薄的羊毛到使用更厚重的仿羔羊皮，粗花呢逐渐变成一种奢侈面料。

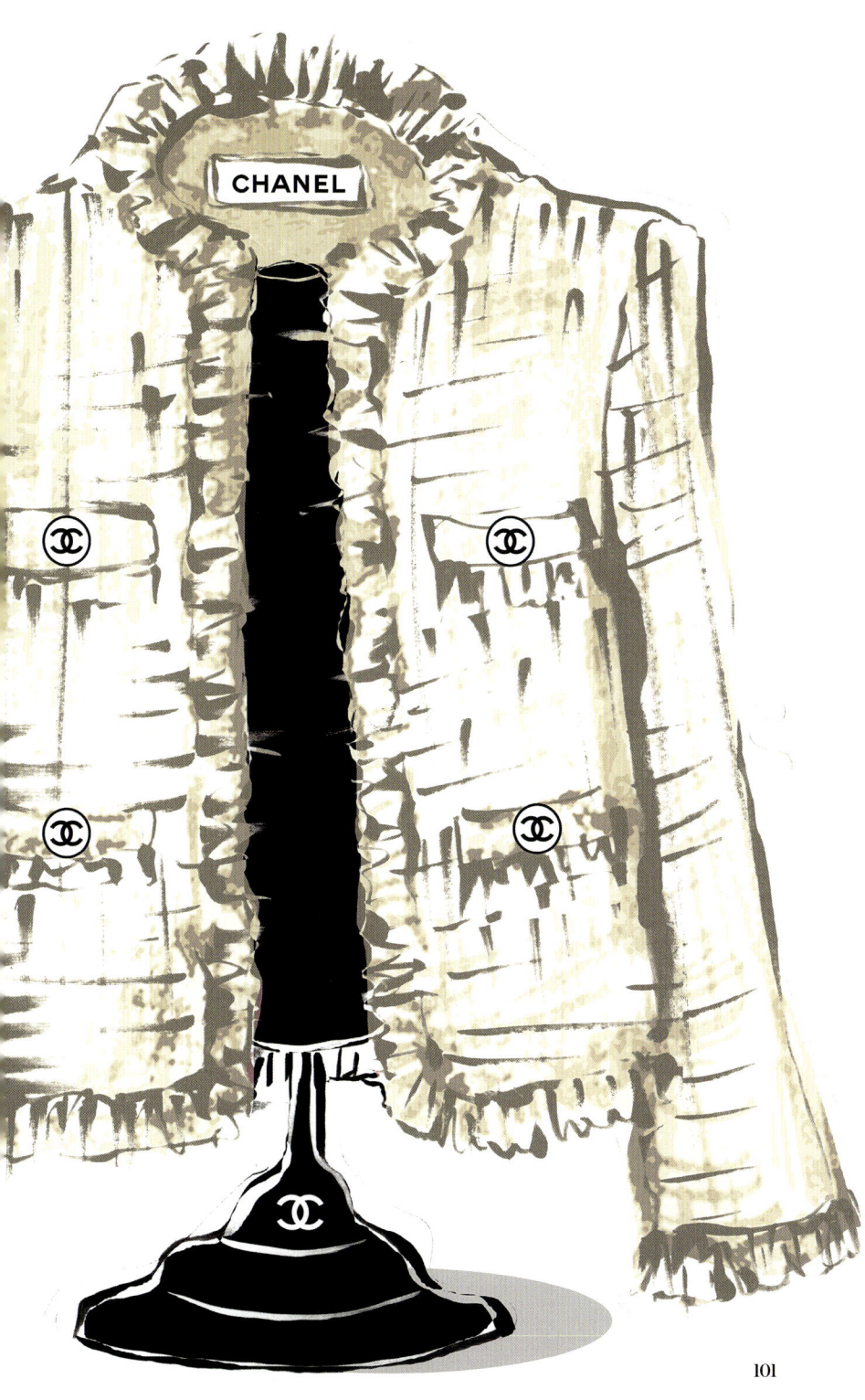

山茶花是"香奈儿王国"的"国花"。据说,香奈儿非常喜欢这种纯净无瑕的花儿。她对这种花的喜爱可能源于对过去的回忆:当年,优雅而年轻的上流社会子弟都喜欢在衣领上别一朵山茶花。当然,也可能是受到《茶花女》(*The Lady of the Camellias*)这本书的影响。香奈儿年轻时非常喜欢这本书。

香奈儿对山茶花非常着迷,从20世纪20年代初开始,她就在设计中加入了山茶花的元素,比如在翻领上别一朵真丝做的山茶花。她还用山茶花装饰包包和首饰。直至今天,盛开的圆形山茶花依然是品牌的标志之一。

香奈儿非常喜爱珠宝首饰,这可以从她的口头禅中看出来,她总说:"女人要给自己的每件衣服都配上首饰。"她设计了珍珠项链、手链,宝石工艺品和镀金链子等首饰,用来搭配日常服装。

香奈儿的首饰大多不贵,多由手工珠宝首饰制作工坊格里普瓦(Gripoix)制造。

受拜占庭式美学和文艺复兴时期肖像画的启发,香奈儿将宝石镶嵌到珐琅上制成首饰,完美地衬托了不张扬的时装。

"潮流易逝，风格永存。"

珍珠也是香奈儿品牌的一大主题，香奈儿将使用珍珠饰品变成自己独特的风格。她认为，首饰的作用不是为了显得财大气粗，而是让女人看上去更美、更有魅力。

曾经，香奈儿在一只耳朵上佩戴了黑珍珠耳环，另一只耳朵上佩戴了白珍珠耳环，创造了不对称耳环的新时尚。之后，香奈儿与珠宝设计师罗贝尔·古森斯（Robert Goossens）合作，打造出了标志性的服装配饰。

香奈儿的脖子上总是挂着一串珍珠项链。项链上还经常挂着一把剪刀，以备随时剪裁时装。

20世纪20年代初,香奈儿开始与化妆品制造商妙巴黎(Bourjois)合作,生产美妆产品。可以说,这次合作为日后香奈儿成为"美妆帝国"奠定了基础。

　　香奈儿相信，口红既能治愈悲伤，也对男性有着强烈的魅惑力。20世纪20年代，她发布了首个口红系列，推出了她最爱的经典红。

　　从外观看，这支大红色的口红装在一支象牙金色的口红管里，金管的外面是黑色管套，这种设计非常符合香奈儿的经典风格。今天，香奈儿依然在出售各种不同颜色的口红，但大红色永远是香奈儿小姐最钟爱的颜色，也是香奈儿品牌的主打色。

> 全世界
> 最好的颜色，
> 是让你看起来
> 最美的那一种。

香奈儿涉猎颇广，除了时髦的高级定制时装，她还会设计戏剧服装。

让·科克托（Jean Cocteau）将索福克莱斯（Sophocles）的《安提戈涅》（Antigone）改编为芭蕾舞剧时，巴勃罗·毕加索负责布景设计，香奈儿则为演员们设计了粗羊毛希腊风格的戏服。这些戏服轰动一时，登上了法国版的《Vogue服饰与美容》杂志封面。科克托曾说起过他选择香奈儿的原因："她是我们这个时代最伟大的女装设计师，我无法想象奥迪珀斯（Oedipus）的女儿们穿得很难看会是什么样。"

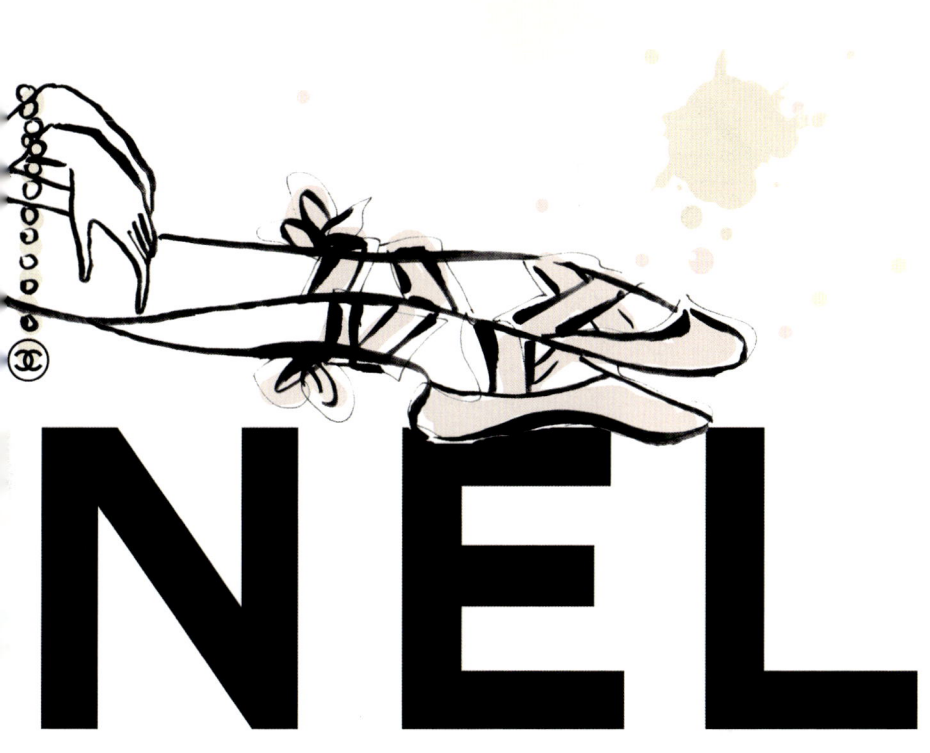

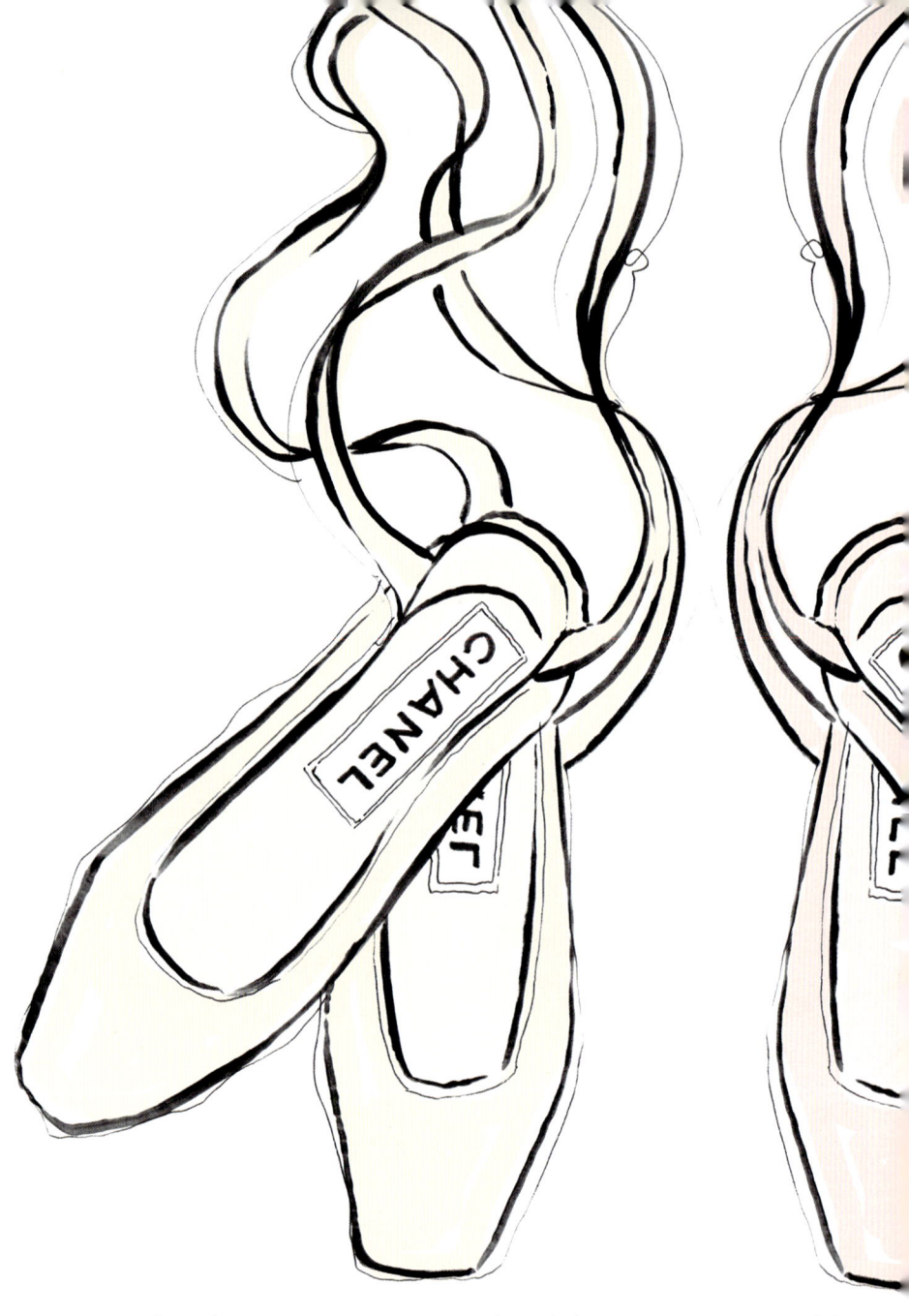

在巴黎艺术界人士的社交活动中,香奈儿结识了俄罗斯芭蕾舞团的经理谢尔盖·迪亚基列夫(Sergei Diaghliev),两人不仅建立了合作关系,还成为终生挚友。

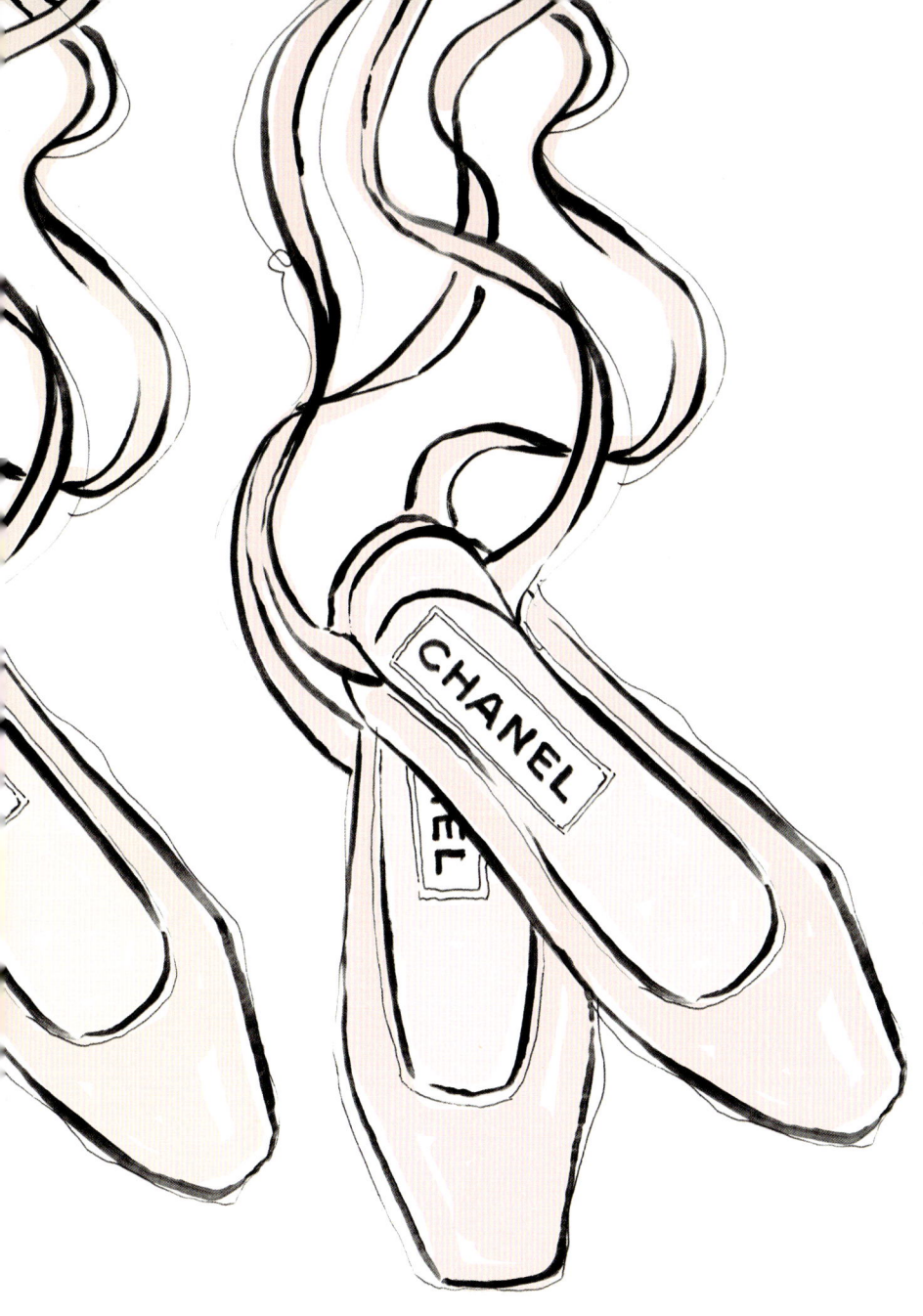

1924年,香奈儿为俄罗斯芭蕾舞团的作品《蓝色列车》
(*Le Train Bleu*)设计了大胆前卫的针织泳衣作为戏服。

香奈儿作为时装设计师,她的名气越来越大,引起了好莱坞(Hollywood)电影制片人塞缪尔·戈尔德温(Samuel Goldwyn)的注意。戈尔德温请香奈儿每年为好莱坞银幕明星设计两个服装系列,就这样,香奈儿每年要去两趟好莱坞,为戈尔德温的电影工作室进行服装设计。

女星格雷塔·嘉宝(Greta Garbo)、克洛代特·科尔贝(Claudette Colbert)和玛琳·黛德丽(Marlene Dietrich)也成了她的私人客户。这样,无论在银幕内还是银幕外,她们表现出的都是一种真正的巴黎时尚。

在戈尔德温的引荐下，香奈儿与一众美国客户建立了长期稳定的合作关系。后来，她还成了女星格雷丝·凯莉（Grace Kelly）和伊丽莎白·泰勒最喜欢的服装设计师。

20世纪60年代,杰姬·肯尼迪(Jackie Kennedy)将小香风粗花呢套装穿成了经典,成为小香风的"代言人"。

"女孩子要做到两点:
既要高贵优雅,
又要漂亮迷人。"

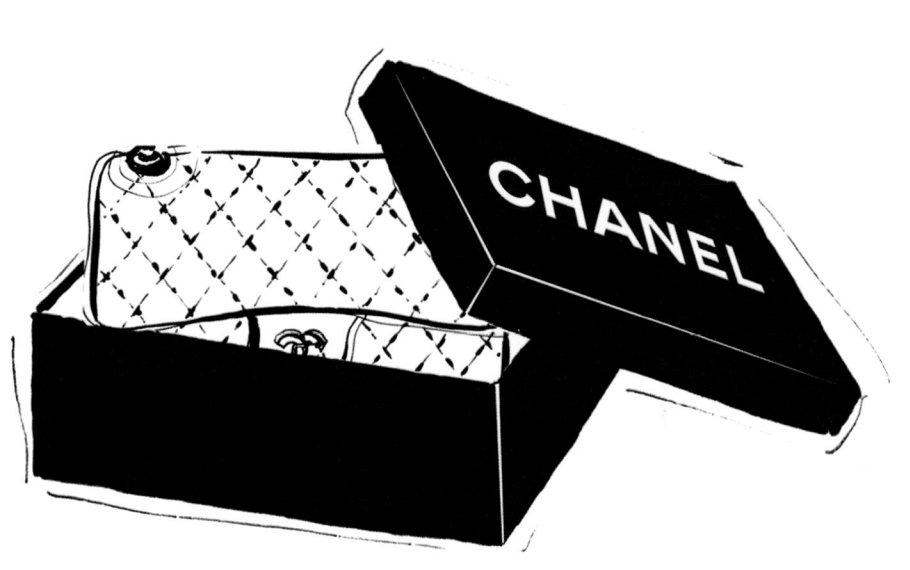

香奈儿还是最先嗅到广告的巨大威力的设计师。当大名鼎鼎的时尚摄影师弗朗索瓦·科拉尔（François Kollar）拍摄时尚广告时，她亲自出镜，拍摄了在丽兹酒店里的情形。

第二次世界大战的到来严重影响了香奈儿的事业。1939年,法国对德国宣战,香奈儿做出了一个极有争议的决定——关停高级时装沙龙。"现在不是做时尚的时候。"她说。

当时,她麾下的员工已有几千人,这个决定令他们顿时无可依靠。德国占领巴黎期间,香奈儿与一名德国军官相恋,这令她名誉尽毁、声名狼藉。

1944年,巴黎解放,香奈儿逃到了瑞士,此后十年,她没有再回康朋街。

1954年，在离开时尚界十多年后，香奈儿返回巴黎重起灶炉。在谈起她的再度归来时，一位时尚记者说："她好像只是出去吃了个午饭，然后又回来了。"尽管她回归后的作品反响平平，但法国的《费加罗报》（Le Figaro）还是给予她高度评价："你会有一种回到了1925年的感觉。"

香奈儿锲而不舍地努力着,很快便再度在时尚界占据一席之地,继续为开创新的着装方式披荆斩棘。

1954年，香奈儿重整旗鼓之时，时尚行业已是克里斯汀·迪奥（Christian Dior）、罗贝尔·皮盖（Robert Piguet）和雅克·法特（Jacque Fath）等男性设计师主导的天下了。无论在设计方式上，还是在设计风格上，香奈儿都倾向于舒适、实用，与男性时装设计师以紧身为美的时尚理念分庭抗礼。

（可可归来）

70岁时,香奈儿重燃激情,对女性如何着装有了更加深刻的理解。

尽管法国时尚界对她的归来接纳得略显缓慢,但在英国和美国,香奈儿很快大获成功。在英国和美国,这位传奇设计师东山再起,这一次,她将永不退出。

"当一个人决定活出自我，不再活在别人的目光里，需要放下多少内心的重担。"

　　与其他设计师不同的是，香奈儿从不画草图，她总是直接剪裁。她会把布料"扔"到人体模型上，从一整块布料上剪出自己想要的形状。直至晚年，香奈儿的脖子上一直挂着一把镀银剪刀，这样，当她在设计室里走动时，就可以随时改动时装了。

　　她可以将一身衣服拆拆缝缝二十几次，直到尽善尽美。

《时尚芭莎》(*Harper's Bazaar*)的编辑戴安娜·弗里兰(Diana Vreeland)回忆:"可可做什么事情都力求完美,就像螺丝对螺母必须分毫不差才行。在她心里,那个螺丝怎么都不够完美,达不到她想要的标准。她总是剪啊裁啊,把袖子去掉再装上,把裁缝都逼疯了。"

香奈儿会花上几个小时,一丝不苟地剪裁,直到臻于完美时,她才会进行下一道工序,或加缎子,或缝蕾丝。

20世纪20年代,香奈儿厌倦了只能拎着的手提包,她开始设计功能多样、更加实用的带肩带的包,这就是后来名声大噪的2.55手袋的前身。

1955年2月,她又对带肩带的包进行了改造和升级,成就了今天这款人见人爱的标志性菱格纹手袋,"2.55手袋"(发布于1955年2月)也因此得名。

菱格纹、手袋的口盖、标志性方形锁扣——"小姐之锁"（Mademoiselle Lock），这些经典元素被沿用至今。

1980年，卡尔·拉格斐（Karl Lagerfeld）将方扣变为双C扣，就有了现在的经典手袋（Classic Flap）。

现在，2.55手袋泛指香奈儿的原创款和拉格斐的经典款。

CHANEL

147

  1957年,香奈儿将目光投向鞋子市场,推出了经典的双色鞋。这款如今已成为品牌标志性产品的鞋子最初由米色和黑色组成,很显脚型。当时,服务于香奈儿品牌的鞋匠雷蒙·马萨罗(Raymond Massaro)说:"黑色鞋头可以让足部显得纤细。"

  在香奈儿的这段工作经历使马萨罗名声远扬,除了与香奈儿合作,他与蒂埃里·穆勒(Thierry Mugler)、克里斯蒂安·拉克鲁瓦(Christian Lacroix)、约翰·加利亚诺(John Galliano)等设计师都有合作。

  经过多次设计与革新,现在,双色鞋的样式已变得很多,颜色也很丰富。

香奈儿对双色高跟船鞋的解读更加简单：细细的鞋跟方便走路，可以四处逛逛，又不会轻易把鞋面弄脏。

直至今日，这种双色高跟船鞋依然是品牌的标志性产品之一，非常畅销。

"鞋子精致的女人不会难看。"

尽管香奈儿造就了众多封面女郎,但最有名的还当属玛丽莲·梦露,她也是香奈儿5号的代言人。

这位以睡觉时只穿几滴香奈儿5号香水而闻名的女星后来拍了一组广告照片。照片里,她躺在床上,床头柜上放着一瓶香奈儿5号。

1969年左右,百老汇推出了一部音乐剧《可可》(CoCo),以此致敬可可·香奈儿。本剧编剧由艾伦·杰伊·勒纳(Alan Jay Lerner)担任,音乐由安德烈·普雷文(André Previn)谱写,凯瑟琳·赫本(Katharine Hepburn)担任主演,这是她第一次、也是唯一一次在音乐剧中亮相。

《可可》讲述了香奈儿复出后的早期生活,赫本的表演受到了评论界的广泛好评,她也因此剧获得了1970年托尼奖最佳女演员的提名。

(正在上演 可可·香奈儿 百老汇)

03

可可·香奈儿传奇

The Legend

1971年，可可·香奈儿（CoCo Chanel）与世长辞，但她的名字却永存世间。在菲利普·吉布尔热（Philippe Guibourgé）的引领下，香奈儿品牌继续生产高级定制时装，并于1978年推出了首个高级成衣系列。如今，香奈儿已成为集男装、女装、香水、彩妆及珠宝为一体的"奢侈品帝国"。作为一个全球品牌，它的门店遍布世界各地，而品牌的发祥地，康朋街31号依然屹立，接受着人们的瞻仰。

1983年，卡尔·拉格斐（Karl Lagerfeld）执掌香奈儿，他对品牌进行了改革，使香奈儿一直走在时尚行业的前沿。作为创意总监，他曾无数次翻阅文件档案，意欲重现香奈儿女士的经典作品。从粗花呢上衣到小黑裙，从珍珠项链到菱格纹手袋，品牌的多款标志性产品依然是当今时尚界不可缺少的元素，品牌也依然是身份和地位的象征。在时尚界，可可·香奈儿的影响力长盛不衰，她那些经典的设计也不断为后世所参考。香奈儿将现代女性的精神体现得淋漓尽致，正如她自己所言，时尚界"潮流易逝，风格永存"。

1971年1月10日，可可·香奈儿在丽兹酒店中溘然长逝，享年88岁。直到生命的最后一天，香奈儿都在努力完成最新的高级定制时装设计。据说，她去世后，女仆在她房间的衣柜里仅发现了三套全套的衣服。

尽管人人都说她心肠冷硬，但她热心慈善，愿意慷慨解囊。

或许是感怀于自己卑微的出身，她对待慈善事业就像对待设计一样，目标明确、热忱满满。

她的葬礼在距离康朋街不远的玛德琳教堂举行,灵柩上覆盖着白色的花朵,人们将栀子花、兰花、杜鹃花和茶花摆成了剪刀的形状,以此向她的一生致敬。

在她去世后不久,她设计的象牙白色粗花呢套装和白色晚礼服出现在巴黎时装周的T台上,立时,台下的观众全体起立,掌声经久不息。

香奈儿去世后的几年里,品牌由加斯东·贝特洛(Gaston Berthelot)、伊冯·迪代尔(Yvonne Dudel)、让·卡索邦(Jean Cazubon)等人接任过设计,但都不太理想。1978年,菲利普·吉布尔热出任香奈儿创意总监,推出了品牌的首个高级成衣系列。

同伊夫·圣·罗兰(Yves Saint Laurent)一样,菲利普·吉布尔热也意识到新一代女性对于现成的高级服装的需求,这便是他推出成衣的主要原因。在他看来,选择这条新路线绝非凭空想象,它是很有投资价值的,毕竟,成衣无须进行烦琐的量身等工序,生产过程也更加经济。

1983年，卡尔·拉格斐加入香奈儿后，香奈儿再次登上了时尚界的头条新闻。拉格斐于1933年出生于德国汉堡市，十几岁时搬到巴黎，后来成为时装设计师皮埃尔·巴尔曼（Pierre Balmain）的助理。

除了效力香奈儿，他还与芬迪（Fendi）以及蔻依（Chloé）等品牌进行合作。1984年，他还推出了以自己的名字命名的品牌。

同可可一样,卡尔·拉格斐在进行设计时,也喜欢从品牌的历史中挖掘灵感。他不断借鉴香奈儿的经典之作,将粗花呢、菱纹格、金属链条以及双C图案等标志性元素融入自己优雅的设计中。

20世纪80年代,拉格斐在香奈儿大展身手。他在保留了香奈儿品牌精髓的基础上,将香奈儿的经典设计进行解构、改良,通过重塑香奈儿的经典设计,打造了一个新的时代。他无疑是时尚界最有影响力的人之一。

拉格斐让香奈儿的经典设计，如粗花呢上衣、2.55手袋、珍珠项链等，得以继续成为品牌的支柱，既能满足传统客户的需求，也为追求前卫的顾客带来更多色彩。

作为一名善于借鉴的天才，尽管备受争议，拉格斐还是一次次地将香奈儿的设计改造、重构，也一次次地让这些设计再次走上巅峰。

他有能力重塑品牌，让品牌始终走在市场的前沿。这是一个了不起的能力，这个能力也使他成了一位可以在时装史上留名的设计大师。

正如拉格斐所说："在时尚的世界，有些东西永不过时，譬如牛仔裤和白衬衫，譬如香奈儿的上衣。"

卡尔·拉格斐同可可一样，非常重视运动服饰的优雅性和舒适性。

他对香奈儿设计的毛线衫进行了无数次改良，并以自己的品牌在市场上推出了奢侈运动装。

"装饰,
一门多么精深的学问!
美貌,
一个多么强大的武器!
谦逊,
一种多么高雅的品格!"

拉格斐的另一经典之作是对香奈儿双C标志的改良。他同香奈儿一样,有着敏锐的市场直觉和强大的借鉴能力。香奈儿借鉴了男装的元素,而拉格斐从流行文化中借鉴了诸多元素。

20世纪90年代,他参考时下街头风的流行元素,为香奈儿品牌推出了PVC牛仔裤、系带紧身胸衣,甚至还有一款颈圈项链。

（做时尚而非战争　女士优先）

拉格斐的长相极易辨认：花白的头发，扎着马尾辫，笔挺的白衬衫，量身定制的西装，摩托车手手套，还有那标志性的大墨镜。他与可可素未谋面，如果他们有缘相见，"估计她会讨厌我"，拉格斐这样说。

话虽如此，他还是一如既往地传承着香奈儿的风格，他的每一个设计中都能找到可可的影子。"我在她身上看到了现代女性的灵魂。"拉格斐说。

从卡梅伦·迪亚斯（Cameron Diaz）穿的迷你裙，到萨拉·杰茜卡·帕克（Sarah Jessica Parker）穿的粉色泡泡裙，再到瓦内斯·帕拉迪丝（Vanessa Paradis）穿的分层礼服，香奈儿陪伴着当今众多明星走入高光时刻。

2015年,朱莉安娜·穆尔(Julianna Moore)身着一件珠饰无肩带礼服获得奥斯卡最佳女主角,完成了演员生涯的大满贯。此时,凭借自身实力而名声大噪的拉格斐,正站在诸多香奈儿代言人的身旁,走入自己的又一个高光时刻。

自拉格斐执掌香奈儿以来,香奈儿的T台秀总是亮点频出。每一季的巴黎时装周上,时尚精英们都在香奈儿举办时装秀的巴黎大皇宫汇聚一堂、翘首以盼,等待一场精致的时装盛宴。

2013年，拉格斐将"地球"放上T台，"地球"上有光的地方，就是有香奈儿专卖店的地方。2014年，他又将大皇宫变成了一家超市。2015年，拉格斐将布里埃尔餐厅（Brasserie Gabrielle）"搬"进大皇宫。

"欲有成就，先有梦想。"

正如《名利场》(*Vanity Fair*)中的迈克尔·罗伯茨(Michael Roberts)所言:"拉格斐最大的优势就是能够专注于自己当下的事情,并且能够让别人也沉浸在此事之中。"

在一个紧随潮流而动的行业里,香奈儿却以经典著称。在可可·香奈儿生活的时代,她的时尚理念是革命性的,她强调好看的同时也注重舒适性。从小黑裙到小香风粗花呢套装,香奈儿一直保持着优雅的风格和超高的品质。

卡尔·拉格斐将香奈儿发扬光大,他发挥自己的聪明才智,重新塑造了经典。他改良了香奈儿的设计,调整了双C标识,正是这些让经典适应现代需求的能力,造就了他无与伦比的影响力。

最为重要的是，拉格斐保持着原创精神，这也是香奈儿的最大特点。正如可可谈起自己时说："最有勇气的行为莫过于独立思考。"

"公爵夫人可以有很多，但可可·香奈儿仅此一位。"

作者简介

梅甘·赫斯（Megan Hess）注定与画结缘，她从平面设计起步，一步步成为世界领先设计品牌的艺术总监。2008年，赫斯为《纽约时报》（New York Times）的头号畅销书，坎达丝·布什内尔（Candace Bushnell）所著的《欲望都市》（Sex and the City）绘制了插图。此后，她又为迪奥（Dior）高级定制服饰系列、卡地亚（Cartier）和路易威登（Louis Vuitton）品牌绘制插图，还为米兰的普拉达（Prada）和芬迪（Fendi）做过动画，为纽约的波道夫·古德曼（Bergdorf Goodman）的橱窗画图，为伦敦的哈罗斯百货（Harrods）设计了胶囊包。

赫斯的作品还可以在全球限量版定制刊物以及家居用品上找到。香奈儿（Chanel）、迪奥、芬迪、蒂芙尼（Tiffany & Co.）、圣罗兰（Saint Laurent）、《Vogue服饰与美容》（Vogue）、《时尚芭莎》（Harper's Bazaar）、哈罗斯百货、卡地亚、巴尔曼（Balmain）、路易威登以及普拉达等都是她的客户。

她是七本畅销书的作者，也是欧特家顶级酒店（Oetker Masterpiece Hotel Collection）的全球常驻艺术家。如果她不在工作室里，那她就一定在巴黎，心怀着法国时装的梦想……

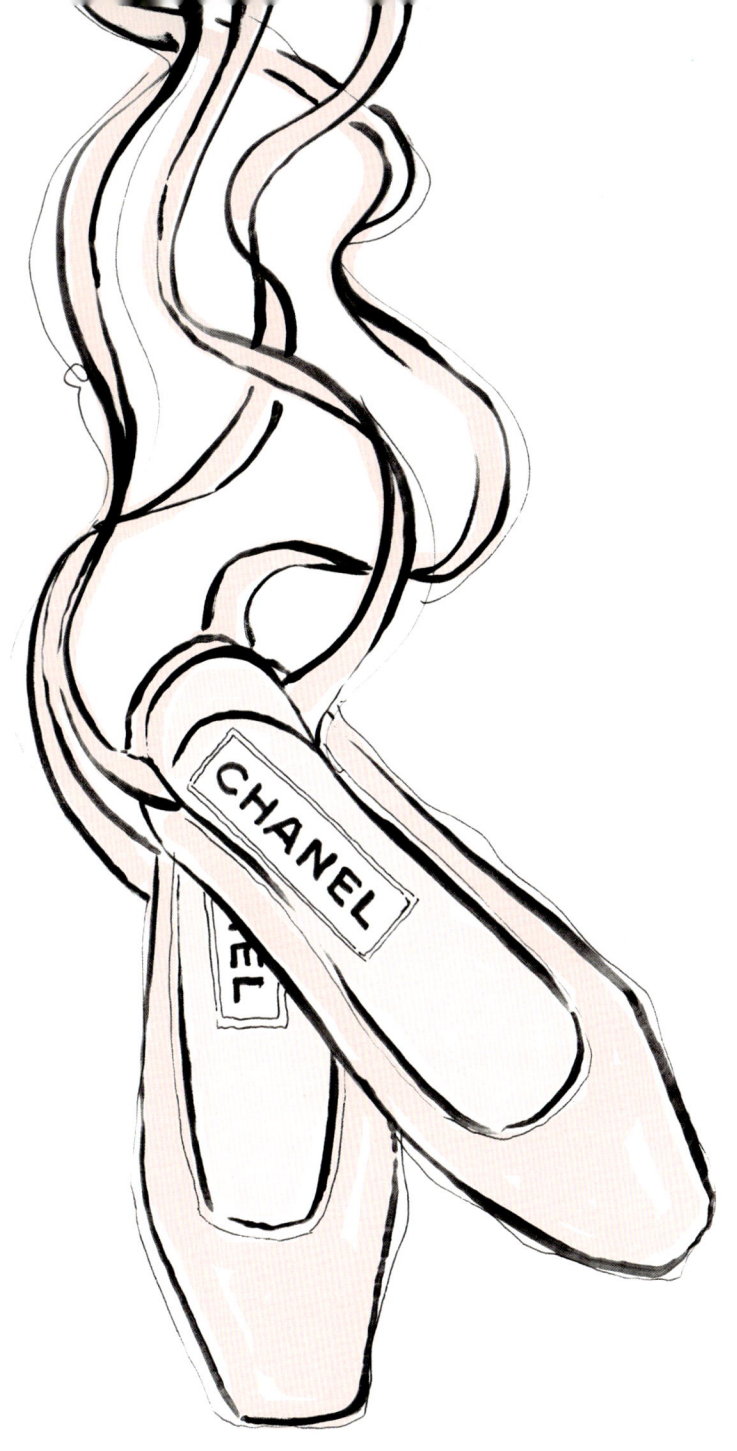

致　谢

感谢阿文·萨默斯（Arwen Summers），感谢有你，你让我们合作的整个过程如此愉快。

感谢埃米莉·哈特（Emily Hart），你对法国时装的热爱深深地感染了我。

感谢马丁娜·格兰诺力克（Martina Granolic），你对精致、美丽之物如此敏锐，你对法国时装洞若观火，也心怀热爱。感谢有你，一次次陪伴我踏上这充满创意的旅程。

感谢利兹·麦吉（Liz McGee），感谢你一直鼓励我。

感谢莉萨·玛丽·科尔索（Lisa Marie Corso），每当我自以为对某位设计师无所不知时，你总能提供更多我不知道的信息。感谢你寻找并发现的每一个妙趣横生的小细节。

感谢默里·巴腾（Murray Batten）。你的才华令我惊讶，跟你合作，我从未失望过。

感谢贾斯廷·克莱（Justine Clay），感谢你一直以来对我的鼓励与支持，是你对我的信任支持我走到了今天。我将永远感谢你，我的幸运星，感恩我们的相遇。

感谢我的先生克雷格（Craig），以及我的两个宝贝格温（Gwyn）和威尔（Will），是你们让我有了足够的理由去热爱生活、拥抱生活。